La boca incrédula

Isabel Torné

Aliar ediciones

Corrección: Eladia Guerrero
Ilustración de cubierta: *Metalmorphosis woman*, Diego Santos.
www.diegosantospintor.es
Maquetación: Aliar Ediciones

Depósito Legal: GR 1049-2024
ISBN: 978-84-10374-39-3

Impreso en España

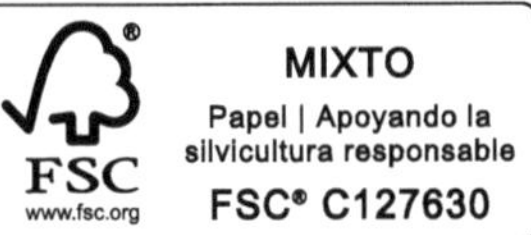

Edita
ALIAR Ediciones
www.aliarediciones.es
info@aliarediciones.es

La boca incrédula

Isabel Torné

Escribir palabras

Puedo escribir palabras como *barco*,
como *mar*,
y tu cabeza dibujaría
un barco y un mar,
pero no hallarías en ellas
lo que en mi corazón late
cuando imaginaras
las olas que mecen el barco.

Escribiría la palabra *dolor*
si fuera algo tangible,
un objeto, una imagen
que tu cerebro viera
como el barco, como el mar
o como un gato.
La escribiría y contaría los *porqués*,
los *cómos*, los *cuándos* y hasta los *cuántos*
de cada herida inane,
incorpórea,
sin que fuera posible
nunca
suponer
que hay espadas que atraviesan lo invisible.

Invierno

Siento
como si no fuera a volver
la primavera
y este callado invierno
estuviera aquí para siempre.

La media luz de las estancias,
los cuadros y los muebles,
los olores, sabores y sonidos,
temible decadencia que acalla
cualquier conversación.

La mirada perdida,
la respuesta lenta,
el cansancio sin sentido
de obligar la compañía.

No acabará nunca
este tiempo de nieve.

Luz de enero

Cada tarde de enero,
herida de luz,
dura un poco más.

Las ramas del naranjo,
cargadas de frutos,
quietas las palmas, hartas de danzar.
El campo, surcado de sendas de acero.

Cuando anochece

Viento del Atlántico
de nuevo en mi piel,
tarde de azahar y soledad
en esta ciudad de parajes de lluvia y amargura,
de atardeceres hambrientos de sol.
Me pregunto, cuando anochece,
adónde irá la luz.

La llanura abierta

La llanura abierta
de curvas suaves, invisibles,
color verde primavera,
los árboles plantados
intentando señalar
el espacio inabarcable de la tierra.

Nubes de agua
y el sol que baja,
asomándose
hasta que el gris
se convierte
en malva anaranjado,
evocación del verano
como una esperanza eterna.
Se enciende la luz.

Tardes de julio

El sol suspendido
de un hilo invisible
en el cielo velado y caliente.

El mar quieto.

El aire inmóvil,
amarillo, cargado de polvo,
con el aroma eterno
de las tardes de julio,
de los días de mi infancia,
cuando la vida
prometía ser un premio.

Consuelo

Qué perverso consolar el llanto
con quien lo ha causado,
como el niño que solloza
en brazos de su madre.

Ausente

En este lado, que es el rincón
vacío de la soledad,
es donde habito.
Es aquí en donde paso
las horas vivas
muertas de trabajo,
de razón,
muertas de miedo
ante el agujero negro
del espacio infinito
de este no ser siendo
cada hora,
cada día,
ausente de mi cuerpo,
de mi corazón,
ausente de mí misma.

Sin otro nombre

Qué hacer con esta vida
que no se me parece,
siempre en busca de cosas inexactas
que abrigan poco
mi corazón sediento.

Qué hacer sin otra vida
que aparte la amargura
de tanta incertidumbre.

Qué hacer sin otro nombre.

Silencio

Qué silencio,
qué absurdo silencio.
Estamos envueltos
en hilos de lana,
en corcho picado,
en jirones de nube,
cubiertos de mar.

Y qué miedo
esta ausencia vana
rellena de gestos
de quién mira a quién.

Cambia el mundo

Los años del pasado fueron míos.
O tal vez mi dueño era el tiempo,
incorpóreo y borroso,
cuya espalda se aleja
sin que pueda seguir sus pasos.

He visto que las fauces de las horas
lo devoran todo,
que en un imaginario estómago
los ácidos disuelven
anhelos, penas y alegrías.

Cambia el mundo. Yo cambio.
En el latido de la multitud, en la prisa,
se deslizan inertes las palabras que dije,
se alejan oscuras las que no he dicho.
Y yo misma abandono, en progresiva ausencia.

Las trampas de la vida

¿Es esta la ciudad en donde vivo?
No conozco los nombres de estas calles,
las fachadas opacas de penuria,
ni tampoco a estas gentes que caminan
arrastrando sueños que murieron
asfixiados en las trampas de la vida.

Una señora de cabello ralo y gris
recorre la acera a duras penas
apoyada en un carro de la compra.
Lleva el gesto ausente, quebrantado
de saber que no hay camino,
de sufrir la existencia propia en vano.

Aquella pareja anda del brazo,
aferrados los dos al clavo ardiendo
de lo único que el tiempo les permite.
¿Qué eran antes? ¿Fueron jóvenes?
¿Se dijeron bajito que se amaban?
¿Cayeron de repente en este abismo?

No sé dónde termina esta avenida,
si va hacia el este o el oeste.
No encuentro el sur porque
se ha ocultado el norte.
Estoy confusa, como perdida
en este mundo vecino tan distinto.

La jaula de las fieras

Se oye el silencio.
El oído me engaña
cuando las tórtolas callan
y percibo
como un silbido quieto.

Dentro, las fieras aúllan
de hambre y de sed,
cada día
sorprendidas
de estar presas en la jaula.

No ha valido la pena

Como una sombra oscura
te ronda la muerte
en el recodo estrecho
del estrecho camino de tu vida,
tan sobrada de angustia,
de quebranto,
que a veces no ha valido la pena ni creerlo.

Y aquí está
y no sé ayudarte
en este trance que,
como tantos otros,
atravesarás sola.

Absortos

Ignoro la razón de que esto llegue,
nos sorprenda,
te agarre por la espalda,
se apodere de ti y de nosotros,
te envuelva y nos sujete
como si nada fuéramos.

La razón no la sé,
ni la del lienzo que cubrirá tu cuerpo,
inerte al fin,
aún más desvalido y solo
de lo que nunca ha sido.

Y nosotros absortos
en este espacio vano,
sin entender tu ausencia.

Un sueño indescifrable

¿Será todo terrible?
Sin duda debe haber
alguna clase de belleza
en el cambio que es la muerte,
igual que en el inicio de la vida.

Habrá de ser un tránsito a algún lugar,
o un sueño indescifrable,
una tregua al cansancio
del agotador viaje,
sin sentido unas veces,
incomprensible otras.

La boca incrédula

Está por todas partes.
La muerte todo lo impregna.
Vuela, como el aire.

Está instalada
en cada corazón seco,
nos rodea, nos observa,
camina decidida,
la mirada firme, tan ausente,
la boca incrédula de soledad.

Invierno en Madrid

Sopla el viento del norte
entre la multitud que camina en silencio con prisa
en el ruido imposible de sirenas y coches,
la ambulancia que grita
abriéndose paso en el tráfico atroz.
Y en la esquina más fría,
un muchacho de negro
hace *jazz* con un clarinete
frente al reloj de Atocha,
que muestra las horas
a quien no las mira.

Glorieta de Atocha

Desheredados de la vida,
como moscas en la miel,
junto a otros
que van y vienen sin cesar,
ignorando la presencia de los que
están ausentes de sí mismos,
la mirada perdida,
fija en lo invisible
que flota en ningún lugar.

Nuestros ojos los evitan,
eluden la realidad
del margen en que viven,
en el borde de la locura,
en la abundancia de la miseria.

Calles

Las calles de Madrid,
frías y oscuras,
son como las calles de Granada.
Parecen no conducir a parte alguna.
Comienzan y terminan en otra calle
y así una calle y otra más,
con la certeza ambigua
de que todo está muy lejos,
de que todo está muy cerca.

Madrid, lo inalcanzable.
Granada, el ahogo,
ese abrazo demasiado estrecho,
del que deseo huir
y nunca escapo.

Una ciudad provisional

Era aquella una ciudad provisional
en la que vivíamos desde siempre,
para siempre,
siempre pendientes del día de la partida.

Era aquella una ciudad provisional
en la que el viento
azotaba las paredes y a las gentes,
recorría dislocado las calles,
las esquinas, el colegio,
la escalera del túnel,
las palmeras del patio, los columpios,
y resoplaba
en las ventanas malheridas
por el tiempo, por el frío y el calor.

Era aquella una ciudad provisional,
llena de curas, de rezos,
de abundantes penitencias,
de oscuras consultas, de criterios.

Era aquella una ciudad provisional
donde no era hermoso el invierno,
donde sólo soñaba y jugaba el viento.

Esta tierra seca

Que me acerquen el mar
a esta tierra seca,
ávida de las vidas de quienes la andamos
sin vivirla apenas,
devorados vivos
por las sombras
frías y alargadas de sus calles muertas.

Acércame el mar,
que llegue hasta aquí,
que abra esta ciudad,
que su latido encienda la luz.

Que me acerquen el mar
y me abrace fuerte
antes de que muera.

Hasta el mar

Si yo fuera viento,
ay, si fuera viento,
tocaría con la punta de los dedos
los ríos y los valles,
los rincones ocultos de la vida,
los brazos extendidos de los árboles,
la luz caliente de tanta tarde muerta.
Dormiría en el bosque,
haría estación en cada lago
y como el viento,
decidido y paciente,
llegaría hasta el mar.

Una secuencia de película

Este tren que flota
sobre la vía o quizá
a una cuarta de distancia de ella
es una secuencia de película,
un fotograma absurdo que no existe.

Este tren no choca,
no roza, no pesa,
parece que levita
con este movimiento atemperado.

En este tren, que no es como la vida,
viajo sin huir por una vez.
Es inútil hacerlo,
uno nunca puede alejarse de sí mismo.

Visado al paraíso

Ahí están, en el cajón,
billetes de ida y vuelta,
tarjetas de embarque.

En un rincón de la estantería,
planos de metro,
guías de países y ciudades,
horarios de trenes y autobuses,
pasajes de barco, tiques de museos.

Todos ellos fueron,
cada vez,
pasaporte con visado al paraíso.

Son ahora el testimonio mudo
del deseo de un cielo no encontrado,
el resto de un viaje,
de una huida sin retorno con billete de vuelta
al rutinario mundo de lo cotidiano,
son el aroma evocado
de lo que se intuye de un sueño,
el acopio de mis propios restos,
que guardo sólo para no olvidar que fueron.

Índice

La boca incrédula se terminó de editar en Granada en julio de 2024
con el deseo de que sea leído en ese mismo año, los siguientes y siempre.

Aliarediciones

www.aliarediciones.es
info@aliarediciones.es